Το βιβλίο αυτό ανήκει στην/ον

.................................................................

.................................................................

Στη μνήμη του αγαπημένου
Πούμα

*Μια πατουσίτσα στην καρδιά*
Συγγραφέας: Κ.Ε. Μανωλά
Επιμέλεια κειμένου: Κ.Ε. Μανωλά
Επιμέλεια έκδοσης: Κ.Ε. Μανωλά
Σελιδοποίηση-Γραφιστική επιμέλεια: Βιβή Μαρκάτου

© 2023 Κ.Ε. Μανωλά | Εκδόσεις BookFairy Publications
: BookFairy Publications
: book_fairy_publications
Twitter: @bookfairy23
www.bookfairypublications.com



Πρώτη έκδοση στα αγγλικά από την Bookfairy Publications.

Μια πατουσίτσα στην καρδιά ♥

Κάπου κάπου
ονειρεύομαι,

πως στην αγκαλιά μου
σφιχτά σε κρατώ.

Παίζουμε και τρέχουμε
μέσα στο σπίτι.

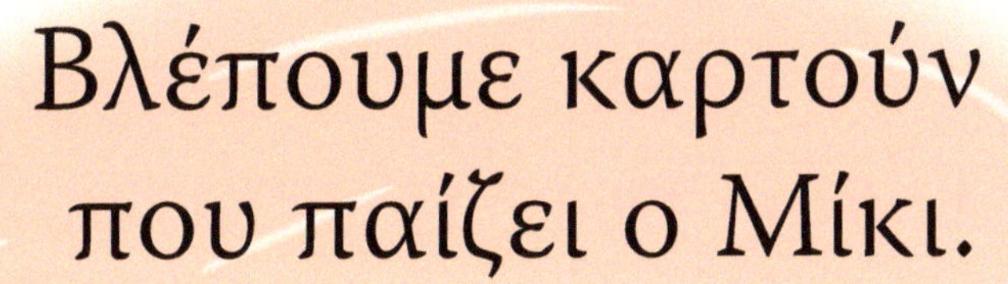

Βλέπουμε καρτούν
που παίζει ο Μίκι.

Κάπου κάπου
νομίζω  πως σ' ακούω.
Το γάβγισμα σου
μοιάζει τόσο αληθινό,
που περιμένω να σε δω.

Κάποιες φορές
νομίζω σε διακρίνω
να χουζουρεύεις στον καναπέ,
κι άλλες να παίζεις στο παρκέ.

Να 'σαι και κάτω απ' το τραπέζι!
Με τη μικρή ουρά σου
πέρα δώθε να παίζει.

Κάπου κάπου
αναρωτιέμαι.
Που να 'σαι άραγε,
τι κάνεις, πώς περνάς;

Άγγελος είσαι, λέει η μαμά.
Στη γη των ζώων τώρα ζεις,
και είσαι μια χαρά.

Είναι ένα μέρος
που αγαπάς.
Εκεί δεν φοβάσαι,
ουτε πονάς.

«Πού είναι η γη των ζώων;»
εγώ τη ρωτώ.

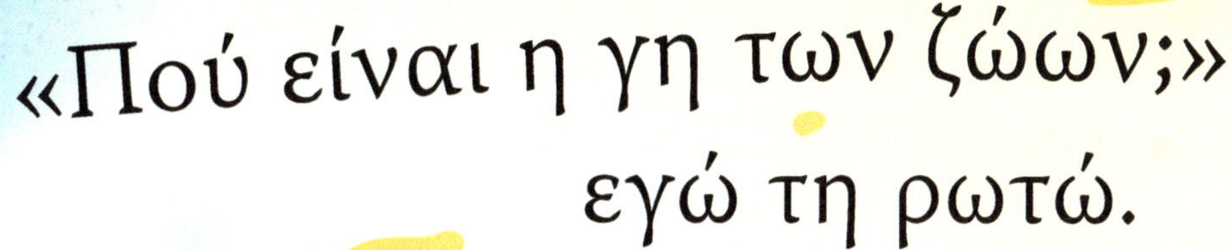

«Εκεί, ψηλά στον ουρανό.»
Μου απαντάει απαλά
και μου χαιδεύει τα μαλλιά.

Έτσι, κάπου κάπου

εκεί ψηλά κοιτώ κι εγώ.

Ψάχνω να σε βρω.

Α! Νά σαι.

Εκεί, ανάμεσα στα σύννεφα
την ουρίτσα σου κουνάς.

Τρέχεις, το ουράνιο τόξο κυνηγάς
και χαρούμενες φωνές σκορπάς.

Σε σκέφτομαι να παίζεις
στη γη των ζώων.
Χαίρομαι για σένα,
χαμογελώ.

Τι κι αν είσαι
τώρα πια μακριά...

Εγώ θα κουβαλάω
την πατουσίτσα σου
για πάντα
στην
καρδιά.

Η Κ.Ε. Μανωλά (γνωστή και ως Connie) είναι συγγραφέας βιβλίων ενηλίκων και παιδικών βιβλίων που γεννήθηκε και μεγάλωσε στο νησί της Ρόδου, στην Ελλάδα. Σπούδασε λογοτεχνία και δημιουργική γραφή στο Πανεπιστήμιο Rutgers και εργάστηκε ως καθηγήτρια ESL για πάνω από δέκα χρόνια.

Είναι γνωστή για τις ευφάνταστες και συναρπαστικές ιστορίες της που εμπνέουν τα παιδιά να χρησιμοποιήσουν τη δημιουργικότητά τους και να εξερευνήσουν το περιβάλλον τους. Επιπλέον, τα βιβλία της παρουσιάζουν συχνά συγγενείς χαρακτήρες και θέματα που έχουν απήχηση στους μικρούς αναγνώστες. Το ''Μια πατουσίτσα στην καρδιά'' είναι το πρώτο της παιδικό βιβλίο που εκδόθηκε στις ΗΠΑ στα αγγλικά και τα Ισπανικά.

Η Connie συνεχίζει να γράφει και να εκδίδει παιδικά βιβλία από το σπίτι της στο New Jersey, όπου ζει με τον σύζυγό της και τους δύο γιους της. Αντλεί έμπνευση από τα πάντα γύρω της και το νησί της γέννησής της, το οποίο επισκέπτεται κάθε χρόνο.

Η Βιβή Μαρκάτου είναι παιδική εικονογράφος και σχεδιάστρια κινουμένων σχεδίων με έδρα την Αγγλία. Γεννήθηκε στην Αθήνα και μεγάλωσε στη Φωκίδα. Σπούδασε Θεατρολογία στο ΕΚΠΑ, Γραφιστική και είναι κάτοχος MSc. στο Computer Animation. Από μικρή ηλικία τής άρεσε να φτιάχνει τις δικές της ιστορίες. Είναι κάτοχος διεθνών και πανελλαδικών βραβείων. Για ένα ραδιοφωνικό της αφιέρωμα απέσπασε το πρώτο πανελλαδικό βραβείο πρωτοεμφανιζόμενου ραδιοφωνικού παραγωγού υπό την αιγίδα τής ΟΥΝΕΣΚΟ σε ηλικία μόλις 17 ετών. Έχει εικονογραφήσει δεκάδες τίτλους παιδικών βιβλίων και έχει σκηνοθετήσει τρεις ταινίες κινουμένων σχεδίων. Είναι μέλος του Ελληνικού Τμήματος της IBBY.